UN AÑO EN LA SELVA

SUZANNE COLLINS

Ilustraciones de
JAMES PROIMOS

RBA

Título original inglés: *The Year of the Jungle.*

© del texto: Suzanne Collins, 2013.

© de las ilustraciones: James Proimos, 2013.

Todos los derechos reservados. Publicado originalmente por Scholastic Press, un sello de Scholastic Inc.,

Editores desde 1920. SCHOLASTIC, SCHOLASTIC PRESS, y los logos asociados

son marcas y/o marcas registradas de Scholastic Inc.

© de la traducción: Pilar Ramírez Tello, 2013.

© de esta edición: RBA libros, S. A., 2013.

Avda. Diagonal 189 – 08018 Barcelona

www.rbalibros.com

Primera edición: octubre de 2013.

REF.: SCHE086

ISBN: 978-84-848-8267-1

DEPÓSITO LEGAL: B-22.637-2013.

Para nuestras familias

— S.C. y J.P.

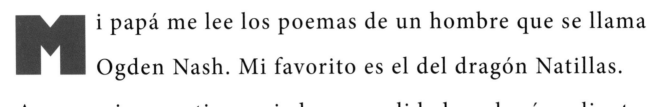

Mi papá me lee los poemas de un hombre que se llama Ogden Nash. Mi favorito es el del dragón Natillas. Aunque siempre tiene miedo, en realidad es el más valiente de todos. Y por eso es tan especial.

Todos tenemos algo especial.

Rascal es el gato.

Kathy es la mayor.

Yo soy la más pequeña.

Drew es el niño.

Y Joanie es la única que

tiene los ojos castaños, como mi padre.

Parecen de chocolate fundido.

Mi papá tiene que irse a una cosa que se llama «guerra». Está en un sitio que se llama Vietnam.

¿Dónde está Vietnam? Se pasará un año fuera de casa.

¿Cuánto dura un año? No entiendo de qué habla todo el mundo.

Entonces, alguien dice que mi papá estará en la selva. Mi personaje de dibujos favorito vive en una selva. Sus amigos son un elefante y un mono, y siempre se está chocando con los árboles.

Rascal y yo también queremos ir a Vietnam. En sueños se puede volar a cualquier parte...

No perdemos de vista a mi mamá,
por si se le ocurre irse también
a la selva.

Pero ella siempre está en casa con nosotros.

Entonces llegan nuestras primeras postales.

Kathy me lee la mía, porque

está escrita a mano y no la entiendo.

Querida Suzy:
Te envío la foto de un ciervo. Mejor
que Rascal no la vea. Puede que el
gato se crea que es un tigre y quiera
comerse al ciervo.
Papá

Unos días después empieza el primer curso de primaria. Tengo una fiambrera nueva con un termo a juego para llevar la comida, y una amiga que se llama Beth.

Los domingos, mi papá siempre me leía cómics. Ahora lo hace Drew porque es el hombre de la casa.

Llegan más postales de mi papá. A veces, los adultos me preguntan en qué trabaja. Cuando les digo que está en Vietnam se ponen raros. Parecen tristes, preocupados o enfadados.

En Halloween, mi mamá me hace un disfraz de leopardo de las nieves. Una de esas señoras que parecen preocupadas me dice: «A tu papá no le va a pasar nada». Además, me da muchísimos caramelos. Yo también empiezo a preocuparme.

Beth y yo dibujamos la silueta de nuestras manos y pavos de Acción de Gracias. ¿Ha pasado ya un año?

Recibo una postal de un hombre pescando en Vietnam.

Detrás de él veo la selva. No se parece a la de mis sueños.

Querida Suzy:

¿Te gusta estar en primero?

¿Te ponen muchos deberes?

Seguro que ya no tienes tanto tiempo

para fastidiar al gato.

Muchos besos,

Papá

xx

Mamá y Drew traen un árbol de Navidad. Rascal y yo cambiamos de sitio las figuritas del belén varias veces al día. A él le gusta derribar la oveja de un zarpazo. Si la tiro yo, se enfada. ¿Cuenta eso como fastidiar al gato?

Mi papá me envía una muñeca vietnamita preciosa y una tarjeta de seda muy elegante en la que se ve a María, los ángeles y el niño Jesús. Por detrás escribe:

*Feliz Navidad, pequeña Sue.
No le des demasiado pavo a Rascal.
Ojalá estuviera ahí para verte abrir los regalos.
Tu padre, que te quiere.*

Mi madre también recibe una bonita tarjeta de seda, pero la suya tiene un sello por detrás: una foto de un soldado con una corneta y un fusil. Está en la selva. Debajo pone: **RECUERDO DE VIETNAM.**

Está nevando y recibo una tarjeta de felicitación de cumpleaños.

Mi cumpleaños no es hasta verano. La felicitación debería ser para Joanie.

Mamá dice que papá está ocupado y se ha equivocado.

La selva debe de ser un lugar muy confuso para que cometa un error tan gordo.

Corazones de caramelo
en San Valentín.
Sin postal.

Tréboles en San Patricio.
Sin postal.

Huevos de colores
en Pascua. Sin postal.

El año se alarga y se alarga. Por fin
llegan algunas postales. Yo quería una
de la selva, pero me toca una de una
ciudad que se llama Saigón.

Querida pequeña Sue,
¿Te gusta estar en primero?
Estudia mucho y, cuando estés
en casa, no molestes demasiado
a Rascal. Reza por mí.
    Te quiere,
    Papá

¿Que rece por él?

En mayo hago la primera comunión y rezo mucho para que

mi papá vuelva a casa. No lo hace.

Le preparo a Rascal un plato de ceras de colores, pero, como

siempre, no se lo come. En la tele oigo la palabra «Vietnam» y

levanto la mirada.

Explosiones.

Helicópteros.

Fusiles.

Soldados en el suelo. Algunos no se mueven.

Mi mamá cruza corriendo el salón y apaga la tele.

«No pasa nada, papá está bien», me dice. Yo no respondo.

Después, me escondo en el armario y me echo a llorar.

A veces me cuesta recordar la cara de papá. Me quedo mirando los ojos de chocolate fundido de Joanie para intentar encontrarlo.

Dejan de llegar postales. Saco una muy vieja en la que sale un gatito y finjo que es nueva.

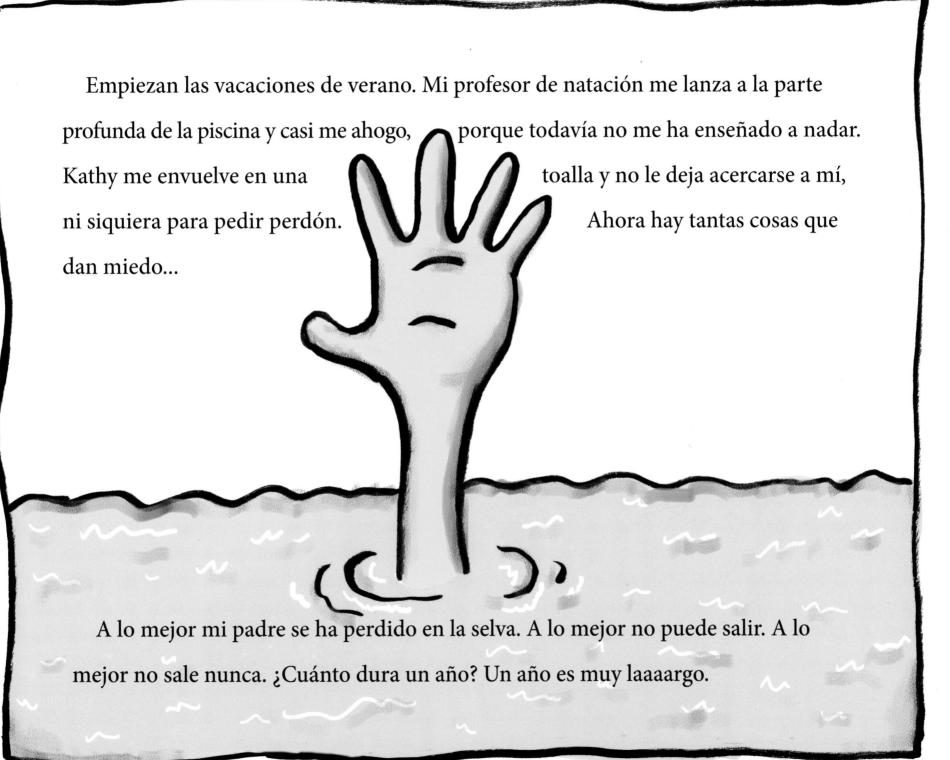

Empiezan las vacaciones de verano. Mi profesor de natación me lanza a la parte profunda de la piscina y casi me ahogo, porque todavía no me ha enseñado a nadar. Kathy me envuelve en una toalla y no le deja acercarse a mí, ni siquiera para pedir perdón. Ahora hay tantas cosas que dan miedo...

A lo mejor mi padre se ha perdido en la selva. A lo mejor no puede salir. A lo mejor no sale nunca. ¿Cuánto dura un año? Un año es muy laaaargo.

Entonces, de repente, mi papá ya está en casa.

Parece distinto. Está cansado y delgado, y su piel se ha puesto de color caramelo.

Me da una pulsera con campanitas diminutas que suenan de verdad. A Rascal le da una palmadita en el lomo.

Rascal y yo nos ponemos en la puerta para observarlo. Mi papá se queda mirando al horizonte. Está aquí, pero no está aquí. Ha vuelto a la selva. Tengo que decirle que lo sé. Que sé lo de la selva y las cosas que pasaron allí. Me cuesta encontrar las palabras. «Rascal creía que no ibas a volver», le digo por fin.

Mi padre nos ve y responde:

«Dile que casi todos vuelven.

Y yo ya estoy en casa».

Es verdad. Ya está en casa. Algunas cosas han cambiado, pero otras no cambiarán nunca.

Mi papá me lee los poemas de un hombre que se llama Ogden Nash. Mi favorito es el del dragón Natillas. Aunque siempre tiene miedo, en realidad es el más valiente de todos.

Y por eso es tan especial.

Esta es la autora Suzanne Collins en 1968,

el año que destinaron a su padre a Vietnam.